Das Kita-
Jahreszeitenbuch

Kreisspiele

Bildnachweis

Freepik.com
S. 16: Brgfx | S. 22, 41: pikisuperstar | S. 37, 51: Sketchepedia

GettyImages.de
S. 1: dvoriankin | S. 9: Catherine Delahaye | S. 19: Andrea Kamal | S. 23: AUDHRAY BORDES | S. 25: Sutthiwat Srikhrueadam | S. 29: Melpomenem | S. 31: Golfcuk | S. 33: daphnusia | S. 39: Xurzon | S. 47: monzenmachi | S. 50: DieterMeyrl | S. 59: Shaiith | S. 65: Nancybelle Gonzaga Villarroya | S. 74: ArtMarie

Stock.adobe.com
S. 5: Rawpixel.com

Impressum

ISBN: 978-3-96046-250-7

Das Kita-Jahreszeitenbuch
Kreisspiele

Redaktion	Myriam Bork
Autorin	Marion Bischoff
Umschlagillustration	Anke Dammann
Gestaltung und Satz	DOPPELPUNKT, Stuttgart
Druck	Grafik Media Produktionsmanagement, Köln

Klett Kita GmbH
Rotebühlstr. 77
70178 Stuttgart
www.klett-kita.de
info@klett-kita.de

2. Auflage

Inhalt

Frühling

Sommer

Herbst

Winter

Liebe Leser:innen,

Kinder mögen Kreisspiele, denn sie können sich dabei auf verschiedene Weise ausdrücken. Manche Kinder wollen von Beginn an aktiv mitmachen, andere sind anfangs etwas zurückhaltend. Zugleich bieten Kreisspiele ein breit gefächertes Lernfeld für Sprachentwicklung, Rhythmik, Ausdauer, Konzentration, Sozialverhalten und viele andere Bildungsbereiche. Auf einfache und effektive Weise sorgen Kreisspiele für abwechslungsreiche Lerneffekte.

Da Kreisspiele einer gewissen Ritualisierung entsprechen, finden Kinder hierbei Sicherheit und Vertrauen in das eigene Handeln und entwickeln Freude am Tun. Dabei können Sie Kreisspiele zwischendurch oder in geplanten Spielrunden anbieten. Lassen Sie die Kinder mitentscheiden – auch wenn es darum geht, neue Ideen in ein Spiel einzubringen, die hier vorliegenden Angebote individuell an die Bedürfnisse und Wünsche Ihrer Kindergruppe anzupassen oder mit Impulsen der Kinder zu erweitern.

Die in diesem Buch angebotenen Kreisspiele begleiten Sie durch das gesamte Kita-Jahr. Greifen Sie auf Lieder mit bekannten Melodien oder einfache Reime zurück, die schnell ins Ohr gehen und Ihren Kita-Alltag bereichern. Egal, ob draußen oder drinnen, ob im Gruppenraum oder im Bewegungsraum – in diesem Buch finden Sie für jede Gelegenheit das passende Kreisspiel.

Gemeinsam gestalten Sie damit eine „runde Sache" mit Ihrer Gruppe. Lustig, fröhlich, aktiv oder ruhig – für jede Gelegenheit das passende Kreisspiel!

Ich wünsche Ihnen und Ihren Kindern
viel Freude im Kreis,

Ihre Marion Bischoff

Frühling

Schneeglöckchen-tanz

Alter: ab 3 Jahren
Dauer: 10 Minuten

Material
1 Glöckchen
(für jedes Kind)

Ein weißes Schneeglöckchen steht in unser'm Raum.
Klingt so hell und klar, das ist ganz wunderbar,
klingt so hell und klar, das ist ganz wunderbar.

Es bewegt den Kopf im Frühlingswind dahin.
Klingt so hell und klar, das ist ganz wunderbar,
klingt so hell und klar, das ist ganz wunderbar.

Und schon kommt ein zweites Schneeglöckchen daher,
klingt so hell und klar, das ist ganz wunderbar,
klingt so hell und klar, das ist ganz wunderbar.

Zwei weiße Schneeglöckchen steh'n in unser'm Raum.
...

Melodie: Pitsch, Patsch, Pinguin

Tipp
Gestalten Sie Bildkarten zum Text, dann lernen die Kinder diesen leichter.

Und so geht's:
Bilden Sie mit den Kindern einen Kreis und halten Sie die Glöckchen bereit. Ein Kind darf das Schneeglöckchen sein und sich mit einem Glöckchen in die Kreismitte stellen. Dann singen alle das Lied. Das Kind in der Mitte klingelt dabei mit seinem Glöckchen und bewegt in der zweiten Strophe dann noch seinen Kopf dazu. In der dritten Strophe wählt es ein weiteres Kind aus, das ebenfalls zum Schneeglöckchen wird und ein Glöckchen bekommt. Das Lied wird so oft wiederholt, bis sich alle Kinder in Schneeglöckchen verwandelt haben.

Auf Wiedersehen, Winter!

Alter: ab 3 Jahren
Dauer: 5 Minuten

Auf Wiedersehen, Winter,
du warst so kalt und nass.
Im Kreis an den Händen halten und sich stampfend in eine Richtung bewegen.

Jetzt wird es wieder Frühling,
was ist das für ein Spaß!
Rhythmisch klatschen und stampfen.

Wir spielen in der Sonne,
wir säen Blumen aus.
Streubewegungen machen.

Wir laufen durch den Garten,
Auf der Stelle rennen.
und ganz flott aus dem Haus.
Mit den Händen ein Dach über dem Kopf formen.

Das Mandala des Waldes

Alter: ab 4 Jahren
Dauer: 20 Minuten

Material
1 Stock, unterschiedliche Naturmaterialien (z. B. Blüten, Blätter, Steine, Stöcke)

Wir gehen in den Wald!

Suchen Sie sich mit den Kindern einen freien Platz auf einer Waldlichtung oder einer Wiese. Zeichnen Sie mit einem Stock mehrere Kreise im Abstand von etwa 50 cm ineinander in die Erde, alternativ können Sie die Kreise auch mit Steinen abstecken. Der erste Kreis hat den größten Durchmesser, der darin liegende einen entsprechend kleineren Durchmesser, usw. – es sollten mindestens drei Kreislinien entstehen.

Auf den Spuren der Natur

In Zweier- oder Vierergruppen gehen die Kinder los und suchen jeweils die gleichen Naturmaterialien: zwei Steine, zwei Blütenblätter der gleichen Blume, zwei Grashalme oder vier Zapfen, vier Rindenstücke des gleichen Baumes etc. Haben die Kleingruppen etwas gefunden, kehren sie zum Kreis zurück. Dann legen sie ihre Schätze auf einer von ihnen ausgewählten Kreislinie gegenüber ab: So legt beispielsweise ein Kind auf 12 Uhr und ein Kind auf 6 Uhr des ersten Kreises die Naturschätze ab. Bei vier Kindern entsprechend dann im gleichen Abstand zu viert in einem Kreis. Nun legen die Kinder ihre mitgebrachten Materialien auf ihre Kreislinie, verlassen den Mandalakreis vorsichtig und warten, bis alle anderen Kinder auch etwas abgelegt haben. Schnell füllt sich das Mandala und es werden Muster erkennbar.

Die Kunst des Mandalas

Sobald die Kinder fertig sind, stellen sich alle in einem großen Kreis um das Mandala auf und betrachten gemeinsam, welche Naturschätze sich angesammelt haben. Tauschen Sie sich mit den Kindern über die Vielfalt aus, philosophieren Sie mit ihnen über Farben und Formen. Besonders schön ist es, gemeinsam um das Mandala zu tanzen. Dafür fassen sich die Kinder an den Händen oder klatschen im Rhythmus eines der Lieblingslieder Ihrer Gruppe. In der Bewegung umrunden alle das Mandala und können es dadurch aus verschiedenen Perspektiven betrachten.

Was siehst du?

Alter: ab 3 Jahren
Dauer: 10 Minuten

Dreh dich, liebe:r (Name des Kindes),
dreh dich rundherum.
Dreh dich langsam immer weiter,
sieh dich um.

Dreh dich, liebe:r (Name des Kindes),
dreh dich rundherum.
Rundherum und nun bleib steh'n,
was siehst du?

Melodie: Dreh dich, kleiner Kreisel

Und so geht's:
Die Kinder stehen gemeinsam im Kreis. Ein Kind geht in die Kreismitte und dreht sich dort um die eigene Achse. Dazu singen die anderen Kinder das Lied. Sobald das Kind in der Mitte stehen bleibt, nennt es eine Farbe, die es sehen kann. Nun sollen die anderen Kinder erraten, welchen Gegenstand dieser Farbe das Kind entdeckt hat.

Rundherum, der Regenwurm

Alter: ab 4 Jahren
Dauer: 5 Minuten

Rundherum, der Regenwurm,
ist mal hoch, so wie ein Turm.
Sich über den Boden schlängeln,
dann aufstehen und sich strecken.

Kriecht dann wieder, klitzeklein,
ganz tief in die Erde rein.
In die Hocke gehen und
die Arme schlangenartig bewegen.

Macht sich klein,
ach, wie fein!
Sich klein zusammenkauern.

Macht sich wieder groß,
sagt, was macht der Wurm denn bloß?
Aufstehen und sich strecken.

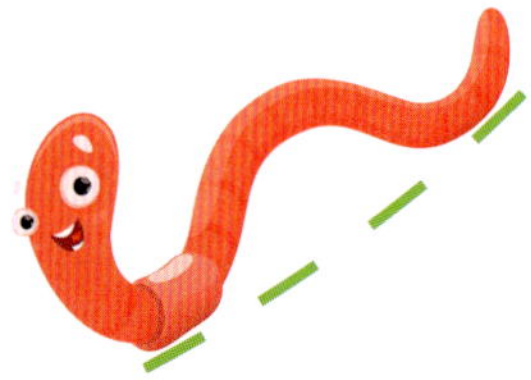

Um ein feines Blatt zu fressen,
kriecht er weiter unterdessen.
Sich über den Boden schlängeln.

Kommt der Regen, plitsch und platsch,
liegt der Wurm ganz platt im Matsch!
Mit den Fingern die Regentropfen andeuten,
sich dann schnell hinsetzen und in die Hände klatschen.

Endlich wird es Frühling!

Alter: ab 3 Jahren
Dauer: 10 Minuten

1

Endlich, Kinder, kommt die Sonne –
und nun wird es wieder warm.
Frühling hat für uns begonnen,
kommt und klatscht, hurra, hurra!

2

Endlich, Kinder, kommt die Sonne –
und nun wird es wieder warm.
Frühling hat für uns begonnen,
kommt und stampft, hurra, hurra!

3

Endlich, Kinder, kommt die Sonne –
und nun wird es wieder warm.
Frühling hat für uns begonnen,
kommt und hüpft, hurra, hurra!

4

Endlich, Kinder, kommt die Sonne –
und nun wird es wieder warm.
Frühling hat für uns begonnen,
kommt und ruft, hurra, hurra!

Melodie: Morgen, Kinder, wird's was geben

Tipp
Fragen Sie die Kinder nach Ideen für weitere Strophen und Bewegungen. So gestalten Sie mit der Gruppe nach und nach Ihr individuelles Kreisspiellied.

Und so geht's:

Bilden Sie gemeinsam mit den Kindern einen Kreis. Im Rhythmus des Liedes werden die jeweiligen Bewegungen ausgeführt, die in den Strophen benannt werden. Dabei darf es zwischen den Strophen auch etwas längere Pausen zum Klatschen, Stampfen, Hüpfen und Rufen geben.

Ich bin der Sonnenschein

Alter: ab 3 Jahren
Dauer: 5 Minuten

Ich bin der Sonnenschein,
leuchte in dein Herz hinein.
Wärme deine Haut,
du bist mir sehr vertraut.
Ich bringe dir das Frühlingslicht,
vergiss nur deine Mütze nicht.

Und so geht's:

Ein Kind spielt die Sonne und steht in der Mitte des Kreises. Dann spricht das Sonnen-Kind (gegebenenfalls mit etwas Unterstützung) den kurzen Text, während es auf ein anderes Kind zugeht und dieses Kind zur Sonne macht, indem es sich vor das Kind hinstellt und es ansieht oder es berührt. Dann darf das ausgewählte Kind als Sonne in den Kreis.

Tipp
Sie können den kurzen Text zusätzlich noch mit Bewegungen verbinden.

Igelchen, wach auf!

Material
1 Decke

Alter: ab 3 Jahren
Dauer: 10 Minuten

1

Igelchen, wach auf!
Der Frühling ist schon da.
Igelchen, wach auf!
Es ist ein neues Jahr.

2

Igelchen, wach auf!
Die Sonne scheint schon hell.
Die Sonne rüttelt sacht
an der Schulter des Igelchens.
Igelchen, wach auf!
Jetzt aber auf der Stell'!

3

Igelchen, wach auf!
Die Früchte wachsen schon.
Die Früchte berühren das Igelchen
sacht an verschiedenen Stellen.
Igelchen, wach auf!
Und lauf nicht gleich davon.

4

Igelchen, wach auf!
Und tanz doch einfach mit.
Igelchen, wach auf!
Dann wirst du wieder fit.

Und so geht's:

Ein Kind spielt das Igelchen, liegt in der Kreismitte unter einer Decke und schläft. Zusätzlich darf ein Kind die Sonne spielen und zwei oder drei Kinder die Früchte. Alle Kinder sitzen um das Igelchen herum und sprechen die erste Strophe. Die Sonne stellt sich bei der zweiten Strophe neben das Igelchen, das noch immer schläft. Bei der dritten Strophe stellen sich die Früchtchen um das Igelchen herum, das noch immer schläft. Bei der vierten Strophe stellen sich alle Kinder um das Igelchen herum. Dann wacht das Igelchen auf und tanzt mit allen anderen Kindern gemeinsam im Kreis.

Meine kleine Blume

Alter: ab 3 Jahren
Dauer: 5 Minuten

Und so geht's:
Die Kinder gehen paarweise zusammen. Dabei ist ein Kind die Blume, das andere die Biene. Das Kind, das die Blume spielt, sitzt auf einem Stuhl – das Bienen-Kind steht dahinter. Während Sie das kurze Lied singen, berührt die Biene ihr Blümchen sanft am Arm, am Rücken oder an den Schultern und bewegt sich um das Blumenkind herum. Bei der dritten Strophe winkt das Blumen-Kind die Biene zu sich heran. Am Schluss halten sich die beiden Kinder an den Händen und umarmen sich, wenn sie wollen.

1

Meine kleine Blume
ist so wunderschön,
ist so wunderschön,
duftet wie im Märchen,
alle könn' sie seh'n.

2

Meine kleine Blume
ist so farbenfroh,
ist so farbenfroh,
leuchtet wie im Märchen,
hier fühl ich mich wohl.

3

Meine kleine Biene,
komm nur her zu mir,
komm nur her zu mir.
Ich hab' süßen Nektar
und den schenk ich dir.

4

Wir gehör'n zusammen,
ich hab dich und du mich,
ich hab dich und du mich.
Wir freu'n uns aneinander,
ich umarme dich.

Melodie: Alle meine Entchen

Frühlingswetter

Alter: ab 3 Jahren
Dauer: 5 Minuten

**Es tröpfelt, es regnet, es pladdert, es gießt,
es hagelt, es schüttet, es schneit, es fließt.**

Passend zu den Aussagen mit den Händen auf die Beine patschen, mit den Füßen trippeln oder laut trampeln.

**Es wehet, es windet, es bläst, es stürmt,
es saust, es braust, es pfeift und es dröhnt.**

Passend zu den Aussagen den Oberkörper langsam oder schnell bewegen.

Und so geht's:
Bilden Sie mit den Kindern einen Kreis. Sprechen Sie dann gemeinsam den Text. Sprechen Sie ihn anfangs langsamer und danach immer schneller und lauter.

Tipp
Überlegen Sie mit den Kindern, welches Wetter im Frühling noch auftauchen kann. Entsprechend führen Sie die Bewegungen mit den Kindern aus. Besonders aufregend ist es, wenn Sie eine vielfältige Abwechslung zwischen laut und leise, wild und ruhig schaffen.

Neue Kraft, neue Kraft

Alter: ab 4 Jahren
Dauer: 10 Minuten

Neue Kraft, neue Kraft,
die nur der Frühling schafft.
Ich wache auf, ich wache auf,
werde größer, freue mich drauf.

Langsam aufstehen und die Augen öffnen.

Neue Kraft, neue Kraft,
die nur der Frühling schafft.
So wunderschön, so wunderschön,
ich blühe auf, kannst du mich seh'n?

Die Arme nach oben ausstrecken.

Neue Kraft, neue Kraft,
die nur der Frühling schafft.

Neue Kraft, neue Kraft,
die nur der Frühling schafft.
Ich wache auf, ich wache auf,
krieche los und freu mich drauf.

Langsam aufstehen und die Augen öffnen.

Neue Kraft, neue Kraft,
die nur der Frühling schafft.
So wunderschön, so wunderschön,
ich fresse was, kannst du mich seh'n?

Die Arme ausstrecken und Kaubewegungen machen.

Neue Kraft, neue Kraft,
die nur der Frühling schafft.

Und so geht's:

Alle Kinder sitzen in der Hocke mit eingezogenen Köpfen auf dem Boden. Sie haben die Augen geschlossen und sprechen die Reime mit: In den ersten beiden Strophen sind die Kinder Blumen – danach setzen sie sich wieder hin, um in den letzten beiden Strophen die Schnecke zu sein.

Traum-zauberkräfte

Alter: ab 4 Jahren
Dauer: 10 Minuten

Material
1 Zauberstab (optional)

Traumzauberkraft, Traumzauberkraft,
hast es wieder mal geschafft,
machst aus den Kindern heut:

An dieser Stelle entscheidet das Zauberkind,
in was es die anderen Kinder verzaubert:
Sonne, Regen, Blumen, Frösche, Igel, Bäume, …

Und so geht's:
Alle Kinder sitzen im Kreis. Ein Kind steht in der Mitte und besitzt Traumzauberkräfte. Es spricht den Frühlingszauberspruch. Die Kinder bewegen sich oder machen Geräusche entsprechend des aktuellen Zaubers: So können sie – je nach Tier oder Gegenstand – beispielsweise quaken, hüpfen oder leise Blubberblasen machen. Anschließend sucht sich das Zauberkind ein neues Zauberkind aus.

Hoppelpopp, der Osterhase

Material
1 Augenbinde

Alter: ab 3 Jahren
Dauer: 10 Minuten

Hoppelpopp, der Osterhase
mit der Gelberübennase,
sitzt da hinter einer Hecke,
spielt mit Osterfranz Verstecken.

Da hüpft heran der Osterfranz,
ruft ganz laut: „Komm raus, ich kann's!
Hab dich doch schon längst entdeckt,
Hoppelpopp, hinter der Heck'!"

Hat der Osterfranz das richtige Kind entdeckt, endet das Spiel mit folgendem Reim:

Richtig gut, du Osterfranz,
hüpf schnell heim zum Ostertanz!

Hat der Osterfranz auf das falsche Kind getippt, antworten alle anderen Kinder:

Lieber Osterfranz, oh nein,
das kann der Hoppelpopp nicht sein.
Schau mal weiter und dann, flott,
findest du den Hoppelpopp!

Und so geht's:

Die Kinder sitzen im Kreis auf dem Boden. Ein Kind spielt den Osterfranz und lässt sich die Augen verbinden. Ein anderes Kind wird zum Hoppelpopp. Es sitzt mit den anderen Kindern im Kreis und trommelt kurz mit den Händen auf den Boden. Nun sagen alle Kinder den Reim auf und bei „Da hüpft heran der Osterfranz …" nimmt das Kind, das den Osterfranz spielt, die Augenbinde ab und hoppelt auf ein Kind zu, von dem es denkt, es sei der Hoppelpopp.

Kleines Blümchen in der Erde

Alter: ab 4 Jahren
Dauer: 10 Minuten

Material
1 Decke

Kleines Blümchen in der Erde,
endlich kann es Frühling werden,
wartest schon und bist bereit
für die schöne Frühlingszeit.
Das Blumen-Kind sitzt unter der Decke und bewegt sich nicht.

Brauchst die warmen Sonnenstrahlen,
die vom Himmel runterstrahlen.
Das Sonnen-Kind geht zum Blumen-Kind, legt ihm die Hände auf die Schultern und hält sie danach über den Kopf.

Wärmen dir die Erde auf,
du bist bereit und schaust hinauf.
Das Blumen-Kind streckt sich unter der Decke und schiebt die Decke von den Schultern.

Brauchst die nassen Regentropfen,
die sacht auf die Erde klopfen.
Das Regen-Kind geht zum Blumen-Kind und trommelt mit den Fingerspitzen auf die Decke.

Machen dir die Erde nass.
Du bist bereit und sagst: Ich wachs!

Das Blumen-Kind geht auf die Knie, schiebt die Decke von sich und steht langsam auf, während das Sonnen-Kind und das Regen-Kind ihre Bewegungen fortführen.

Brauchst den sanften Frühlingswind,
der deine Samen weiterbringt.

Das Wind-Kind geht zum Blumen-Kind hin und bewegt es vorsichtig hin und her.

Weht sie fort in neue Erde,
dort warten sie, dass Frühling werde.

Und so geht's:

Ein Kind spielt das Blümchen in der Erde. Einige weitere Kinder übernehmen die Rollen des Regens, der Sonne und des Windes. Das Blumen-Kind sitzt auf dem Boden und ist in eine Decke eingehüllt. Der Kopf sollte frei sein oder nur leicht bedeckt werden. Die anderen Kinder sitzen im Kreis auf Stühlen oder auf dem Boden um das Blumen-Kind herum. Die Kinder, die den Regen, die Sonne und den Wind darstellen, kennen ihre Rollen, sitzen zu Beginn jedoch auch noch im Kreis. Dann wird der Text aufgesagt.

Vogelbaby, piep!

Alter: ab 4 Jahren
Dauer: 5 Minuten

Material
1 Augenbinde

Ein Kind sitzt mit verbundenen Augen in der Kreismitte. Die Gruppe wählt schweigend zwei oder drei Vogelbabys aus dem Kreis aus. Das Kind in der Kreismitte muss nun erraten, welche Kinder die Vogelbabys sind, indem es sagt:

Tschiep, tschiep, tschiep,
Vogelbaby, piep!

Die Vogelbabys piepsen und das Kind mit den verbundenen Augen deutet in die Richtung, aus der es ein Piepsen vermutet. Hat es richtig gedeutet, geht das entdeckte Vogelbaby in die Kreismitte und lässt sich die Augen verbinden. Dann kann das Spiel noch einmal von vorn beginnen.

Der Baum bekommt Besuch!

Alter: ab 4 Jahren
Dauer: 10 Minuten

Steht ein Baum auf der Wiese,
dicker Stamm und viele Äst'.
Zwischen all seinen Blättern
gibt es sogar ein Nest.

Lieber Baum, ja, du wartest
auf den ersten Besuch.
Kommt ne Biene geflogen,
setzt sich nieder und summt.

Lieber Baum, ja, du wartest
auf den zweiten Besuch.
Kommt ein Käfer geflogen,
setzt sich nieder und brummt.

Lieber Baum, ja, du wartest
auf den dritten Besuch.
Kommt ein Kuckuck geflogen,
setzt sich nieder und ruft.

Melodie: Kommt ein Vogel geflogen

Tipp
Erweitern Sie das Lied mit anderen Tieren. Wie wäre es mit einer Fliege oder einer Amsel?

Und so geht's:

Ein Kind steht als Baum in der Kreismitte. Die anderen Kinder sind die Bienen, Käfer und Kuckucks. Nach und nach fliegen alle Insekten und Vögel zum Baum hin und halten sich an ihm fest. Dadurch bilden die Kinder einen Kreis um den Baum in der Mitte.

Sommer

Wiesenbunte Sommerrunde

Alter: ab 4 Jahren
Dauer: 15 Minuten

Wiesenbunte Sommerrunde,
dreh dich rundherum im Kreis.
Viele Farben, hell und dunkel,
sag uns nun, wie deine heißt.

(...) ist meine Farbe,
leuchtet her zu unser'm Kreis.
Ratet mal, in dieser Runde,
wie meine Entdeckung heißt!

Tipp
Mithilfe von bunten Farbbändern oder Tüchern können Sie die Farben nicht nur benennen, sondern auch visualisieren: Jedes Kind darf sich das zu seiner Entdeckung farblich passende Tuch aussuchen und sich damit im Kreis drehen.

Und so geht's:

Suchen Sie sich mit den Kindern einen freien Platz auf einer Waldlichtung, einer Wiese oder im Garten. Dann darf sich jedes Kind auf die Suche nach etwas Farbigem begeben: Das können Blumen sein, Äste, Moos, Blätter – achten Sie darauf, dass die Kinder ihre Entdeckungen nicht abreißen oder mitnehmen, sondern an Ort und Stelle lassen. Dann treffen sich alle im Sitzkreis, um die Entdeckungen zu thematisieren. Ein Entdecker-Kind geht in die Kreismitte, alle anderen sprechen den ersten Teil des Reims. Dabei dreht sich das Kind in der Mitte. Dann bleibt es stehen, deutet in die Richtung, wo seine Entdeckung zu sehen ist, und benennt die jeweilige Farbe – dann spricht es den zweiten Teil des Reims.

Wasser marsch!

Material
1 großer Schwamm,
1 Wassereimer

Alter: ab 4 Jahren
Dauer: 15 Minuten

Wilde Wasserschlacht

Die Kinder stehen im Kreis um den Wassereimer herum. Ein Kind beginnt: Es taucht den Schwamm ins Wasser und wirft ihn anschließend, ohne ihn auszuwringen, einem anderen Kind zu. Dabei nennt es vorher den Namen des ausgewählten Kindes:

„(Name des Kindes), Wasser marsch!"

Das Kind, das den Schwamm fängt, taucht ihn dann wieder in den Eimer und wirft ihn mit dem gleichen Spruch einem weiteren Kind zu. Beim Werfen und Fangen wird man automatisch nass – eine schöne Abkühlung an heißen Tagen!

Stark wie ein Baum

Alter: ab 4 Jahren
Dauer: 15 Minuten

Die Kinder stehen in Kleingruppen zu fünft oder mehr zusammen. Ein Kind steht in der Mitte, die anderen bilden einen Kreis um das Kind herum. Das Kind in der Mitte spielt den Baum und die anderen Kinder sind das Wetter. Die Wetter-Kinder im Kreis sagen:

Stark wie ein Baum,
kräftig anzuschau'n,
stehst du in uns'rer Mitte.

Das Kind in der Mitte spricht:

Stark wie ein Baum,
kein Sturm kann mich umhau'n,
steh ich in eurer Mitte.

Dann benennen die Kinder im Kreis, welches Wetter aufkommen soll:

Jetzt pustet der Wind/
Jetzt kommt ein Gewitter/
Jetzt regnet es/
...

Das Kind in der Mitte kann, mit geöffneten oder geschlossenen Augen, die von den anderen angestoßenen Bewegungen mitmachen. Es lässt sich in die Arme der anderen Kinder fallen, zurückstellen, sanft hin- und herbewegen – je größer das Vertrauen des Kindes in die anderen, umso leichter kann es sich „fallen" lassen.

Heiß, heiß, heiß – wo ist das Eis?

Material
Eiswürfel

Alter: ab 4 Jahren
Dauer: 10 Minuten

Spaß mit Eiswürfeln

Die Kinder stehen im Kreis. Es werden mehrere Eiswürfel an verschiedene Kinder verteilt. Aufgabe ist es, die Eiswürfel so schnell weiterzugeben, dass sie nicht in den eigenen Händen wegschmelzen.

Wir sind ein Team!

Sie können allerdings auch andere Ziele benennen, wie beispielsweise, dass man gemeinsam möglichst viele Runden schaffen soll, in denen ein Eiswürfel weitergereicht wird. Oder alle stehen im Kreis hintereinander, sodass ein Eiswürfel jeweils über die Schulter nach hinten weitergereicht wird. Ebenso können die Eiswürfel zwischen den Beinen durchgeben werden.

Käferchen, komm, flieg mit mir!

Alter: ab 3 Jahren
Dauer: 10 Minuten

Käferchen, komm, flieg mit mir,
durch die Lüfte fliegen wir!

Einmal hin, einmal her,
zu den Blumen, bitte sehr.

Melodie: Brüderchen, komm, tanz mit mir

Und so geht's:
Ein Kind steht in der Mitte, alle anderen bilden einen Kreis um es herum. Das Kind in der Mitte ist das Käferchen, das sich zu Beginn des Liedes aus dem Kreis ein weiteres Käferchen auswählt und durch den Kreis fliegt. Gegen Ende des Lieds klatschen die beiden Käferchen in die Hände und das Lied geht von vorne los: Jedes der beiden Käferchen darf sich ein Kind aus dem Kreis auswählen und mit ihm durch den Kreis fliegen. Nach und nach werden so alle Kinder zu Käferchen.

TIPP
Sie können auch bunte Tücher als Blumen im Kreis verteilen, auf denen die Käferchen am Liedende stehen und klatschen können.

Erdbeertanz

Alter: ab 3 Jahren
Dauer: 5 Minuten

Wir machen heut den Erdbeertanz:
im Kreis tanzen – ein jeder kann's.
Wir klatschen fröhlich in die Hand:
Wir lieben Erdbeertanz, wir lieben Erdbeertanz,
hier geht es fröhlich rundherum.
Wir lieben Erdbeertanz, wir lieben Erdbeertanz,
hier geht es fröhlich rundherum.

Melodie: Die Affen rasen durch den Wald

TIPP
Sammeln Sie andere Früchte und tanzen Sie einen Himbeertanz, Brombeertanz oder Apfeltanz! Daraus kann auch ein lustiger „Fruchtcocktail" für das Sommerfest entstehen.

Und so geht's:
Bilden Sie mit den Kindern einen Kreis. Im Takt des Liedes klatschen und laufen alle im Kreis.

Siehst du unser'n Regenbogen?

Alter: ab 4 Jahren
Dauer: 15 Minuten

Material
Stofftücher in Regenbogenfarben

Die Kinder stehen im Kreis. Die Tücher liegen auf dem Boden in der Kreismitte. Ein Kind wählt sich eines der Tücher aus und stellt sich in die Mitte, dabei sagt es folgenden Reim und setzt die Farbe seines Tuchs ein:

Hier halte ich das (...) Tuch,
es ist so wunderbar.
Es ist ein Teil des Regenbogens,
das ist doch sonnenklar.

Alle Kinder singen:

Siehst du unser'n Regenbogen leuchten?
Siehst du unser'n Regenbogen leuchten?
Siehst du unser'n Regenbogen leuchten?
Seine Farben sind so klar und so hell.

Melodie: Jack saß in der Küche mit Tina

TIPP
Wenn alle Tücher genutzt werden und nur noch wenige Kinder im Kreis sitzen, geben Sie diesen ein zweites Tuch einer bestimmten Farbe, sodass alle, die möchten, am Ende mit im Kreis stehen können.

Mit dem Tuch geht es zu einem zweiten Kind. Die beiden stehen sich gegenüber und halten das Tuch jeweils an den Ecken fest. Das nächste Kind holt sich ein Tuch, stellt sich in die Mitte und sagt wieder den Reim:

Hier halte ich das (...) Tuch,
es ist so wunderbar.
Es ist ein Teil des Regenbogens,
das ist doch sonnenklar.

Es gibt das zweite Ende seines Tuches einem anderen Kind in die Hand und auch diese beiden stellen sich mit ihrem Tuch gegenüber voneinander auf. Alle Kinder singen:

Siehst du unser'n Regenbogen leuchten?
Siehst du unser'n Regenbogen leuchten?
Siehst du unser'n Regenbogen leuchten?
Seine Farben sind so klar und so hell.

Melodie: Jack saß in der Küche mit Tina

Nachdem alle Tücher verteilt sind und die Regenbogenfarben nebeneinanderstehen, prüfen die Kinder, ob sie die passende Farbreihenfolge eingehalten haben. Dann singen alle noch einmal gemeinsam das Lied und die Tücher werden auf und ab geschwungen.

Liebe Biene

Alter: ab 3 Jahren
Dauer: 5 Minuten

Material
Blumen

Liebe Biene, deine Blume,
fast so schön wie du ist sie.
An dir mag ich (...).
Danke schön, dass es dich gibt.

Und so geht's:
Die Kinder sitzen im Kreis. Ein Kind hat eine Blume in der Hand. Es steht auf, geht zu einem anderen Kind hin, sagt den Spruch auf und darf ein Kompliment machen. Das Kind, das die Blume erhalten hat, bedankt sich und sucht sich anschließend ein weiteres Kind aus, für das es den Spruch aufsagt und dem es die Blume schenkt.

TIPP
Gebastelte Blumen können immer wieder verwendet werden.

Fruchtcocktail

Material
Früchte aus Holz, Kunststoff oder Pappmaché

Alter: ab 3 Jahren
Dauer: 10 Minuten

Heute gibt es Fruchtcocktail,
Fruchtcocktail, Fruchtcocktail,
heute gibt es Fruchtcocktail und
das ist drin: ...

Melodie: Oh, du lieber Augustin

TIPP
Sie können dieses Spiel auch mit echten Früchten spielen und hinterher mit den Kindern einen Fruchtcocktail herstellen, von dem alle naschen dürfen. Dabei lernen die Kinder spielerisch, die Früchte zu benennen.

Und so geht's:
Jedes Kind sucht sich eine Frucht aus und setzt sich damit in den Kreis. Alle singen gemeinsam das kurze Lied. Dann steht das erste Kind auf, benennt seine Frucht und legt sie in die Kreismitte. Alle Kinder singen wieder gemeinsam, dann geht das nächste Kind in die Kreismitte und legt seine Frucht ab, bis alle Kinder dran waren.

Die Sommerfee

Alter: ab 3 Jahren
Dauer: 5 Minuten

Es war einmal eine Sommerfee. Die Sommerfee war dafür zuständig, die Strahlen der Sonne auf die Erde zu schicken. Immer genau so viele Sonnenstrahlen, wie gebraucht wurden. Die Sommerfee saß auf ihrer Sonnenblumenblüte und holte ihren Feenstab hervor, um die Sonnenstrahlen einzuschalten. Doch irgendwie wusste sie plötzlich den Sonnenspruch nicht mehr. Sie überlegte und überlegte.
Den Zeigefinger nachdenklich ans Kinn legen.

Da fiel ihr etwas ein.
Sich an die Stirn tippen.

Hoch hob sie ihren Feenstab und flüsterte den Sonnenspruch: „Holterpolter Sonnenschein, liebe Sonne, blitz herein."
Den Zeigefinger in die Luft strecken und wedeln.

Zack! Da knatterte es über ihr. Sie zog den Kopf ein und legte die Hände vor die Augen.
Die Hände vor die Augen legen.
Knatter, knatter, knall und peng!
Laut und wild trampeln und klatschen.

Es blitzte und donnerte laut und immer lauter. „Holterpolter Sonnenschein, liebe Sonne, du bist ein Schwein", flüsterte die Fee. Kaum hatte sie das ausgesprochen, grunzte es um sie herum und überall rannten Schweinchen durch die Gegend.

Grunzen und im Kreis hin- und herlaufen.

„Holterpolter Sonnenschein, hier stehe ich auf einem Bein." Flupp, da stand die Fee auf einem Bein und musste gut aufpassen, dass sie nicht umfiel.

Sich auf ein Bein stellen.

Wie war nur der richtige Spruch? „Holterpolter Sonnenschein, liebe Sonne, kann das sein?" Ganz leise wurde es jetzt und die Fee hob vorsichtig den Kopf. Der Wind wehte ihr sacht um die Nase, dicke Wolken hingen am Himmel und die Sonne war nicht mehr zu sehen.

Die Hände wie eine Brille vor die Augen halten.

Oh nein, schon wieder falsch! Die Sommerfee grübelte und grübelte.

Den Zeigefinger nachdenklich ans Kinn legen.

Da fiel es ihr wieder ein. Sie setzte sich aufrecht hin, wirbelte ihren Feenstab durch die Luft und sagte:

Den Zeigefinger in die Luft recken und wirbeln.

„Holterpolter Sonnenschein, liebe Sonne, du sollst scheinen." Der Wirbelwind jagte die Wolken weg.

Pusten.

Die Sonnenstrahlen schoben sich hervor und leuchteten hell auf die Erde.

Die Arme weit ausstrecken.

Puuh, geschafft. Endlich strahlte die Sonne, welch ein Glück!

Sich über die Stirn wischen.

TIPP
Sie können die Geschichte auch mit einem Zauberstab nachspielen.

Ein kleiner Gartenelf

Alter: ab 3 Jahren
Dauer: 10 Minuten

Ein kleiner Gartenelf sitzt im grünen Gras,
liebt den Garten so, das macht ihm richtig Spaß,
liebt den Garten so, das macht ihm richtig Spaß.

In der Nacht legt sich die Grille neben ihn.
„Komm, wir kuscheln schön, weil ich gern bei dir bin.
Komm, wir kuscheln schön, weil ich gern bei dir bin."

Und im Teich, da hat der Frosch etwas im Sinn,
ihm knurrt schon der Bauch, zur Grille will er hin,
ihm knurrt schon der Bauch, zur Grille will er hin.

Doch der Elf, der hat den Frosch längst entdeckt,
schubst die Grille an und die fliegt zackig weg,
schubst die Grille an und die fliegt zackig weg.

Melodie: Pitsch, Patsch, Pinguin

Und so geht's:
Setzen Sie sich gemeinsam mit den Kindern in einen Kreis. Ein Kind ist der Gartenelf, eines die Grille und eines der Frosch – während des Liedes machen sie die genannten Bewegungen nach. Alle anderen Kinder singen und klatschen mit.

TIPP
Der Frosch darf versuchen, die Grille beim Wegfliegen zu schnappen. Dafür muss er jedoch hochhüpfen und sie berühren. Schafft er das nicht, ist die Grille gerettet.

Der Eisverkauf

Material
1 gebastelte Eistüte (optional)

Alter: ab 3 Jahren
Dauer: 5 Minuten

Eis, Eis, Eisverkäufer, komm und bring mir ein Eis.
Ich mag gerne Schokolade, Erdbeer und Vanille,
Eisverkäufer, komm und bring mir ein Eis.
Mach ein bisschen schneller jetzt, ich will nicht mehr warten,
Eisverkäufer, komm und bring mir ein Eis.

Melodie: Theo, mach mir ein Bananenbrot

Und so geht's:
Die Kinder stehen im Kreis. Ein Kind steht in der Mitte und ist der Eisverkäufer, während alle anderen ein Eis wollen und ihn darum beten. Das Kind in der Mitte sucht sich am Ende des Liedes ein Kind aus, das ein Eis bekommt. Dann werden die Rollen getauscht.

TIPP
Basteln Sie mit den Kindern eine überdimensional große Eistüte, die dann immer als Requisite für dieses Spiel genutzt werden kann.

Hin und her, kreuz und quer

Alter: ab 4 Jahren
Dauer: 5 Minuten

Heute geht es hin und her,
wir watscheln heute kreuz und quer.
Vor und zurück und um dich rum
watscheln wir im Kreis herum.
Wir watscheln wie die Enten,
wir klatschen mit den Händen.
Heute geht es hin und her,
wir watscheln heute kreuz und quer.

Heute geht es hin und her,
wir rollen heute kreuz und quer.
Vor und zurück und um dich rum
rollen wir im Kreis herum.
Wir rollen wie die Igel,
uns wird bestimmt nicht übel.
Heute geht es hin und her,
wir rollen heute kreuz und quer.

Und so geht's:

Die Kinder sitzen in der Hocke im Kreis. Passend zum Text bewegen sie sich watschelnd hin und her. Im zweiten Absatz können die Kinder über den Boden kullern.

Gewittergetöse

Alter: ab 3 Jahren
Dauer: 10 Minuten

Dicke Wolken zieh'n daher,
grau und schwarz und regenschwer.
Schon tropft es aus den Wolken raus,
Regen tröpfelt auf das Haus.

Immer stärker regnet's nun,
sapperlott, jetzt hagelt's schon.
Immer mehr und immer mehr,
trommeln Hagelkörner her.

Und der Wind, der bläst heran,
rüttelt an den Bäumen dran.
Auf einmal wird es leise, leise,
zack, da blitzt es wilderweise.

Donner grollt jetzt übers Land,
bis er richtig ganz laut knallt.
Und dann hört der Regen auf,
auch kein Blitz mehr saust ums Haus.

Leise, leise wird es nun,
jetzt kann ich mich gleich ausruh'n.

TIPP
Da das Gewittergetöse laut werden wird, kann ein einleitender Satz die Kinder vorbereiten: „Wir sind heute die Gewitterwolken. Gleich wird es bei uns donnern und blitzen. Seid ihr bereit?"

Und so geht's:
Die Kinder sitzen im Kreis. Die Regentropfen tippen die Kinder mit ihren Fingern auf den Fußboden – je stärker der Regen wird, umso stärker sollten auch die Klopfgeräusche werden. Beim Hagel trommeln die Kinder mit Fäusten auf den Boden. Für den Wind wird gepustet und wenn es blitzt, in die Hände geklatscht. Für den Donner trampeln die Kinder zusätzlich mit den Füßen, ehe es dann ganz still wird und alle sich auf dem Boden ausgestreckt hinlegen.

Herbst

Blätter fallen

Alter: ab 4 Jahren
Dauer: 10 Minuten

Material
Laub

TIPP
Wiederholen Sie das Spiel beliebig oft. Es ist auch möglich, dass ein Kind in der Mitte steht und seinen Traum benennt.

Blätter fallen von den Bäumen
und schon fang ich an, zu träumen.

Träum von einem Wunderwerk,
träum von einem Gartenzwerg.

Träume, dass ich träumen kann,
träume hin und her sodann.

Und zum Schluss verrat ich dir:
Ich träume heut von (...)

Und so geht's:
Alle Kinder sammeln gemeinsam Laub und legen es auf einen großen Haufen in die Kreismitte. Dann stellen sie sich um den Laubhaufen und jedes Kind nimmt sich zwei Handvoll Laub. Zu dem Reim werfen die Kinder das Laub in die Luft und drehen sich dann um die eigene Achse. Am Ende des Vers rufen die Kinder ihre Träume in die Runde.

Hüpfen, springen, fröhlich sein

Alter: ab 4 Jahren
Dauer: 5 Minuten

Hüpfen, springen, fröhlich sein,
einfach lustig, das ist fein.
Auf und nieder, hin und her,
ist ja alles gar nicht schwer.

Und so geht's:
Während des Reims bewegen sich die Kinder mal wild und ausgelassen, mal im Zeitlupentempo im Kreis. Je nach Lautstärke der Stimme verändern Sie auch die Sprechgeschwindigkeit. So werden die Kinder ihr Bewegungstempo immer wieder anpassen.

Unser Erntekreis

Alter: ab 4 Jahren
Dauer: 15 Minuten

Material
alles, was man ernten kann (z. B. Getreide, Gemüse, Obst, Blumen, Früchte von Waldbäumen), 1 Korb

Danke für die reiche Ernte,
die uns uns're Teller füllt.
Danke, dass die vielen Früchte
für uns alle sind bestimmt.

Ich lege heute meine Ernte
hier in unser'n Korb hinein,
teile mit euch meine (...),
denn das schmeckt so richtig fein!

TIPP
Die Kinder können den Reim auch gemeinsam sprechen, während das Kind, das nach vorn geht, lediglich seine Ernte benennt. Dieses Spiel eignet sich bestens zur Erntedankfeier oder um zwischendurch mit den Kindern bewusst die Vielfalt unserer Gärten und Felder zu würdigen.

Und so geht's:
Jedes Kind bringt für den Erntekreis etwas mit oder Sie gehen gemeinsam bei einem Spaziergang auf Erntesuche. Im Kreis hält jedes Kind einen Erntegegenstand in der Hand. In der Kreismitte steht der leere Korb. Ein Kind geht zum Korb, sagt den Spruch auf und darf seine Ernte in den Korb legen. Danach ist das nächste Kind an der Reihe.

Puste, puste, Wind!

Material
bunte Tücher (oder Stoffbänder)

Alter: ab 3 Jahren
Dauer: 5 Minuten

Puste, puste, Wind!
Nimm mich mit geschwind.
Ich tanze mit dir hin und her
und du bewegst mich, bitte sehr.

Puste, puste, Wind!
Nimm mich mit geschwind.
Ich fliege fröhlich hin und her
und du bewegst mich, bitte sehr.

Puste, puste, Wind!
Nimm mich mit geschwind.
Ich wirble aufgeregt hin und her
und du bewegst mich, bitte sehr.

Und so geht's:
Die Kinder stehen im Kreis und halten jeweils ein Tuch oder Stoffband in der Hand. Alle drehen sich um die eigene Achse, bewegen ihre Arme auf und ab und lassen dadurch ihre Tücher oder Stoffbänder in der Luft tanzen. Dieses Spiel kann sehr flott gespielt werden oder auch in einem etwas langsameren Rhythmus.

Kringel-Igel

Alter: ab 3 Jahren
Dauer: 5 Minuten

Kringel-Igel, Kringel-Igel,
wer hat dich wohl angetippt?
Kringel-Igel, Kringel-Igel,
wer hat dich wohl angetippt?

Und so geht's:

Die Kinder sitzen im Stuhlkreis und stampfen rhythmisch mit den Füßen auf den Boden. Dann zeigen Sie auf ein Kind, das in die Mitte krabbelt und sich dort mit geschlossenen Augen bäuchlings als Igel auf den Boden legt. Ein zweites Kind geht möglichst geräuschlos hin und tippt das Kind an, das sich sofort einkringelt wie ein Igel, der seine Stacheln aufstellt. Dann wird der Spruch gesagt und das zweite Kind setzt sich wieder in den Kreis. Das Igel-Kind öffnet seine Augen und setzt sich auf. Welches Kind hat den Igel wohl angetippt? Rät das Igel-Kind richtig, werden die Plätze getauscht – liegt es falsch, wird der Reim wiederholt.

Äpfel sammeln

Material
Holzbausteine

Alter: ab 4 Jahren
Dauer: 5 Minuten

Auf der großen Wiese

Die Holzbausteine symbolisieren die Äpfel und liegen in der Kreismitte. Die Kinder stehen im Kreis vor ihren Stühlen. Dann geben Sie die Anweisung, welche Kinder wieviele Äpfel einsammeln dürfen. Die Kinder, die dann beispielsweise blaue Schuhe haben, nehmen sich dann zwei Äpfel:

Alle Kinder mit blauen Schuhen
gehen jetzt zwei Äpfel sammeln.
Alle Kinder mit rotem Pullover
gehen jetzt einen Apfel sammeln.
Alle Kinder mit blonden Haaren
gehen jetzt drei Äpfel sammeln.

Gestalten Sie die Anweisungen ganz individuell und entsprechend Ihrer Kindergruppe. Je nach Alter und Entwicklungsstand der Kinder benennen Sie die Anzahl der einzusammelnden Äpfel. Es sollten immer genügend Äpfel, also Holzbausteine, für alle Kinder vorhanden sein. Am Ende werden die Äpfel aller Kinder zusammengezählt. Wie viele Äpfel hat die Gruppe gesammelt?

TIPP
Gibt es in Ihrer Nähe eine Obstwiese mit Apfelbäumen? Wenn Sie dort mit den Kindern zum Sammeln hingehen dürfen, können Sie dieses Spiel auch mit echten Äpfeln und einem großen Korb durchführen.

Wer hat meine Nuss?

Alter: ab 3 Jahren
Dauer: 5 Minuten

Material
Nüsse, 1 Augenbinde

Ich habe Hunger!

Die Kinder sitzen im Kreis. Ein Kind steht in der Mitte mit verbundenen Augen. Dieses Kind ist das Eichhörnchen. Ein anderes Kind versteckt auf seinem Stuhl, in seiner Hosentasche oder irgendwo an seinem Platz bis zu drei Nüsse. Hierfür versucht es, möglichst geräuschlos zu agieren. Anschließend darf das Eichhörnchen wieder die Augen öffnen und sich im Kreis umsehen: Bei wem findet es wohl Futter für den Winter? Es geht zu einem Kind hin und sagt: „Ich brauche eine Nuss."

Das andere Kind antwortet, falls es die Nüsse versteckt hat: „Hier hast du eine Nuss". Es gibt dem Eichhörnchen die Nuss. Hat es keine Nüsse versteckt, antwortet es: „Bei mir gibt's keine Nuss." Dann muss das Eichhörnchen weitersuchen. Hat es eine Nuss entdeckt, wird aus der Runde der Kinder ein neues Eichhörnchen und ein neues Nussversteck ausgewählt.

TIPP
Bei sehr jungen Kindern kann es helfen, dass das Kind, welches die Nüsse bei sich versteckt, ein Geräusch macht, damit das Eichhörnchen zuordnen kann, wo es suchen muss. Ältere Kinder können auch nach einer bestimmten Anzahl von Nüssen fragen und dadurch entweder Glück haben, weil es genügend Nüsse bei dem sitzenden Kind gibt, oder noch einmal zurückgehen und bei einem anderen Kind anfragen.

Die kleinen Eichhörnchen

Material
Nüsse, 1 Korb,
1 Tuch (für jedes Kind)

Alter: ab 5 Jahren
Dauer: 10 Minuten

Wir holen unsere Nüsse

Die Kinder sitzen im Kreis. In der Mitte steht ein Korb mit Nüssen. Jedes Kind geht zum Korb und nimmt sich bis zu fünf Nüsse heraus. Dann setzen sich alle wieder zurück auf ihre Plätze, die Nüsse verstecken sie unter ihrem Tuch. Das Ziel dieses Spiels ist es, möglichst viele neue Nüsse zu sammeln, den Kindern neben sich Nüsse abzunehmen und die eigene Sammlung nie ganz leer werden zu lassen.

TIPP
Dieses Spiel erfordert Rechengeschick und Strategie. Die Kinder trainieren spielerisch Mengenverständnis und Konzentration. Sie können das Spiel so lange fortführen, bis nur noch ein Eichhörnchen auf seinem Stuhl sitzt. Alternativ geben Sie von Beginn an vor, wie viele Runden gespielt werden, also wie oft jedes Kind nach Nüssen fragen kann.

Gibst du mir deine?

Ein Kind beginnt und bittet sein Nachbarkind um Nüsse. Dabei fragt es, ob es eine, zwei, drei, vier oder fünf Nüsse bekommen kann – je nachdem, wie viel Mut es hat und wie viele Nüsse es beim Nachbarkind vermutet. Denn, wenn es mehr Nüsse verlangt als vorhanden sind, muss es eigene Nüsse in dieser Anzahl abgeben. Reicht der eigene Vorrat nicht aus, muss das Kind eine Sammelpause machen und sich auf den Boden vor seinen Stuhl setzen. Reihum bitten die Kinder sich gegenseitig um Nüsse. Wer taktiert am geschicktesten? Es gilt, gut aufzupassen und mitzudenken, wie viele Nüsse die anderen Kinder noch haben könnten.

Mäuseherbst

Alter: ab 3 Jahren
Dauer: 10 Minuten

1

Komm, mein Mäuschen, lass uns tanzen,
das ist fein, links, rechts.
Auf das linke und das rechte Bein klopfen.
Komm, mein Mäuschen, lass uns tanzen,
das ist fein, links, rechts.
Auf das linke und das rechte Bein klopfen.
Komm, mein Mäuschen, lass uns tanzen,
komm, mein Mäuschen, lass uns tanzen,
komm, mein Mäuschen, lass uns tanzen,
das ist fein, links, rechts.
Auf das linke und das rechte Bein klopfen.

2

Komm, mein Mäuschen, lass uns hüpfen,
jetzt und hier, auf, ab.
An den Händen haltend in die Knie gehen und hochspringen.
…

3

Komm, mein Mäuschen, lass uns singen,
extra laut, la, la.
Mit lauter Stimme „la, la" rufen.
…

4

Komm, mein Mäuschen, lass uns flüstern,
möglichst leis, psst, psst.
„Psst" flüstern.
…

5

Komm, mein Mäuschen, lass uns klatschen,
in die Hand, klatsch, klatsch.
Mit dem Partnerkind abklatschen.
…

Melodie: Hab ne Tante aus Marokko

Und so geht's:
Immer zwei Kinder bilden ein Paar im Kreis. Sie fassen sich an den Händen und bewegen sich zu dem Lied, das alle gemeinsam singen. Fallen den Kindern noch mehr Strophen ein?

Die Ameisen

Alter: ab 4 Jahren
Dauer: 5 Minuten

Willst du fleißige Arbeiter seh'n, musst du zu den Ameisen geh'n,
tragen viel, tragen viel, bringen es zum Hügel hin.

Willst du fleißige Arbeiter seh'n, musst du zu den Ameisen geh'n,
huckepack, huckepack, tragen sie die Fliege ab.

Willst du fleißige Arbeiter seh'n, musst du zu den Ameisen geh'n,
eine Spur, eine Spur, die finden ihre Freunde nur.

Willst du fleißige Arbeiter seh'n, musst du zu den Ameisen geh'n,
zieh es her, zieh es her, das Hölzchen, das ist ganz schön schwer.

Willst du fleißige Arbeiter seh'n, musst du zu den Ameisen geh'n,
ohne Rast, ohne Ruh, bau'n sie sich ihren Hügel zu.

Melodie: Wer will fleißige Handwerker seh'n?

Und so geht's:
Während des Liedes erfinden die Kinder zum Text passende Bewegungen und schlüpfen so in die Rolle der fleißigen Ameisen.

Brotbackkunst

Alter: ab 4 Jahren
Dauer: 10 Minuten

Heute backen wir Brot! Ein großes, dickes Brot.
Mit der flachen Hand über den gesamten Rücken streichen.

Wir streuen Mehl aus.
Mit der flachen Hand auf den Rücken tippen.

Dann geben wir Wasser und Hefe dazu.
Mit geballter Faust vorsichtig von einer Schulter zum Steißbein streichen.

Ein bisschen Salz darf natürlich nicht fehlen.
Mit einem Finger auf den Rücken tippen.

Dann kneten wir alles zusammen.
Mit beiden Händen den Rücken „kneten".

Richtig lange und bis der ganze Teig locker ist. Endlich können wir den Teig einrollen.
Mit beiden Fäusten von unten nach oben über den Rücken „rollen".

Ab damit aufs Backblech und in den Ofen! Mmh, lecker!
Mit einer Hand von einer Seite des Rückens zur anderen streichen.

Und so geht's:
Die Kinder sitzen hintereinander im Kreis, sodass sie jeweils den Rücken des nächsten Kindes vor sich haben. Während der Text gesprochen wird, berührt jedes Kind das Kind vor ihm und führt die Bewegungen aus, die genannt und vorgegeben werden.

TIPP
Je nachdem, wie gut es den Kindern gefällt, verlängern Sie die einzelnen Arbeitsschritte, indem die Kinder sie mehrfach durchführen. Sie können auch weitere Schritte erfinden, damit das Massagespiel länger dauert.

Die wandernde Kastanie

Material
1 Kastanie

Alter: ab 4 Jahren
Dauer: 5 Minuten

Die Kastanie, die soll wandern,
von der einen Hand zur ander'n.
Es ist einfach wunderschön,
dich heute bei uns zu seh'n.

Melodie: Taler, Taler, du musst wandern

Und so geht's:
Die Kinder stehen oder sitzen im Kreis. Ein Kind hält eine Kastanie in der Hand. Während des Singens wird die Kastanie reihum weitergereicht. Das Kind, das am Ende des Liedes die Kastanie in der Hand hält, geht zu einem anderen Kind hin und sagt ihm, was es an ihm toll findet. Es reicht die Kastanie an dieses Kind weiter. Dann startet ein neuer Durchgang!

Walnuss-Rock

Alter: ab 3 Jahren
Dauer: 10 Minuten

Material
2 Walnüsse
(für jedes Kind)

Wir tanzen heute, klock, klock, klock,
den wilden Walnuss-Rock, Rock, Rock.
Komm und mach einfach mit, mit, mit.
Das ist der Superhit, Hit, Hit!

Wir tanzen heute, klock, klock, klock,
den wilden Walnuss-Rock, Rock, Rock.
Die Schale, die macht tack, tack, tack.
Und manches Mal auch klack, klack, klack.

Wir tanzen heute, klock, klock, klock,
den wilden Walnuss-Rock, Rock, Rock.
Wir springen in die Luft, Luft, Luft,
bis Mama „Schluss jetzt!" ruft, ruft, ruft.

Wir tanzen heute, klock, klock, klock,
den wilden Walnuss-Rock, Rock, Rock.
Oh Schreck und auch oh Graus, Graus, Graus,
jetzt ist das Lied schon aus, aus, aus.

Melodie: Bei Müllers hat's gebrannt

Und so geht's:
Die Kinder stehen im Kreis und halten jeweils zwei Walnüsse in der Hand. Während des Singens bewegen sich die Kinder durcheinander und klopfen dabei ihre beiden Walnüsse rhythmisch aneinander.

TIPP
Basteln Sie mit den Kindern Rasseln aus Walnussschalen, die bei diesem Spiel zum Einsatz kommen können.

Zaubermeister Knuppe

Alter: ab 3 Jahren
Dauer: 5 Minuten

Kennst du den Zaubermeister Knuppe
Mit den Händen einen Zauberhut darstellen.
mit der kleinen Zauberschuppe?
Auf den Arm oder das Bein tippen.

Er zaubert dir den Herbst herbei,
Mit ausgestrecktem Arm und Zeigefinger durch die Luft wedeln.
der färbt die Blätter – eins, zwei, drei.
Mit einer Hand die Zahlen zeigen.

Er zaubert flink und bunt und dann
Mit ausgestrecktem Arm und Zeigefinger durch die Luft wedeln.
zaubert er den Wind heran.
Pusten.

Der pustet laut um jede Ecke,
Lauter pusten.
rüttelt kräftig an der Hecke.
Die imaginäre Hecke vor dem Körper rütteln.

Und zum guten Schluss
zaubert er dir einen Kuss.
Einen Handkuss schicken.

Storchenflug

Alter: ab 4 Jahren
Dauer: 10 Minuten

Achtung, es geht los!
Alle Kinder sitzen auf ihren Stühlen im Kreis.

Alle Störche fliegen los. Dafür nehmen sie Anlauf.
Auf den Boden trampeln.

Sie breiten ihre Flügel aus.
Die Arme zur Seite ausstrecken.

Sie schlagen mit den Flügeln auf und ab.
Die Arme auf- und abbewegen.

Schon geht es hoch in die Luft!
Nach oben deuten.

Die Störche fliegen vorbei an den Häusern der Stadt, immer höher und höher.
Über dem Kopf mit den Händen ein Dach formen.

Sie berühren die Wolken, die sie am Schnabel kitzeln.
Mit ausgestreckten Armen vor dem Körper den Schnabel andeuten.

Oh, oh, hoffentlich müssen die Störche nicht niesen. Der Schnabel kitzelt, kitzelt und … … ha-ha-hatschi!
Laut niesen.

Jetzt aber schnell wieder mit den Flügeln schlagen!
Die Arme seitlich auf- und abbewegen

Die Störche fliegen weiter und landen. Was für ein Flug!
Aufstehen und sich auf den Stuhl plumpsen lassen.

Wir fliegen jetzt nach Afrika!

Material
Tücher (oder gebastelte Flügel)

Alter: ab 4 Jahren
Dauer: 10 Minuten

Ich fliege jetzt nach Afrika,
denn dort ist Sommer, wirklich wahr.
Dort ist es warm, dort ist es hell,
im Frühling komm ich wieder, gell.
Kommst du mit?

Wir fliegen jetzt nach Afrika,
denn dort ist Sommer, wirklich wahr.
Dort ist es warm, dort ist es hell,
im Frühling kommen wir wieder, gell.

Und so geht's:
Setzen Sie sich gemeinsam mit den Kindern in den Kreis, ein Kind darf sich in die Mitte stellen und mit seinem Tuch seine Flügel ausbreiten. Dann wird der Spruch aufgesagt und das Kind in der Mitte geht im Kreis herum. Bei der Frage sucht es sich ein anderes Kind, welches dann mit seinem Tuch die Flügel ausbreiten darf und mit dem ersten Kind im Kreis umhergehen darf.

TIPP
Sollten sich die Kinder bereits Wissen über die Zugvögel angeeignet haben, können sie jeweils benennen, welcher Vogel sie gerade sein wollen.

Winter

Brumm herum, der Eisbär kommt!

Alter: ab 4 Jahren
Dauer: 10 Minuten

Material
1 Stoffbeutel,
1 Augenbinde

Streck deine Tatzen aus!

Die Kinder stehen oder sitzen im Kreis. Ein Kind ist der Eisbär. Ihm werden die Augen verbunden. In der Kreismitte liegt ein Stoffbeutel. Ein Kind aus dem Kreis sucht einen Gegenstand aus dem Gruppenraum (z. B. Holzbaustein, kleines Buch, Stift) oder – wenn Sie das Spiel draußen spielen – vom Freigelände (z. B. Stein, Zweig, Sandspielzeug) und steckt diesen in den Stoffbeutel. Dann darf der Eisbär die Augenbinde abnehmen und die Kindergruppe spricht gemeinsam:

Brumm herum, der Eisbär kommt.
Hunger bringt er mit.
Hier haben wir etwas für dich,
nun rate, was das ist!

Der Eisbär krabbelt während des Sprechens in die Kreismitte und befühlt den Stoffbeutel, um zu erraten, was sich darin verbirgt. Falls es zu schwierig ist, geben die Kinder kleine Tipps zur Farbe oder zum Ort, wo sie den Gegenstand gefunden haben – welche Tipps könnten dem Eisbären noch helfen, zu erraten, was im Beutel ist?

Lieber Weihnachtsbaum

Alter: ab 4 Jahren
Dauer: 10 Minuten

Mein Wunsch an dich

Die Kinder stehen alle gemeinsam im Kreis. Ein Kind tritt in die Mitte und spielt den Weihnachtsbaum. Reihum gehen die Kinder zu dem Kind im Kreis hin, berühren es sanft und sagen dazu: „Lieber Weihnachtsbaum, ich hänge an deinen Ast: Freundschaft, Dankbarkeit, Gesundheit, Glück, ein neues Spielzeug, Lachen, Spaß, …" Nach jedem Kind dreht sich der Weihnachtsbaum langsam um die eigene Achse und der Kinderkreis bewegt sich ebenfalls. Dabei singen alle gemeinsam:

Lieber Weihnachtsbaum,
du bist so wunderschön,
ich bring dir meinen Wunsch,
so kann ihn jeder seh'n,
ich bring dir meinen Wunsch,
so kann ihn jeder seh'n.

Melodie: Pitsch, Patsch, Pinguin

Komm in mein warmes Häuschen rein

Alter: ab 3 Jahren
Dauer: 10 Minuten

Ein kalter Wind weht um das Haus,
er bläst wild hin und her.
Die im Kreis sitzenden Kinder pusten.
Schneeflocken tanzen durch die Luft
und kalt ist's ringsumher.
Das Spaziergänger-Kind reibt sich fröstelnd die Hände und die Arme.
Im Häuschen knistert ein Feuer leis,
es ist so kuschelwarm.

Das Häuschen spricht:
„Komm in mein warmes Häuschen rein,
dann wird auch dir ganz warm."
Das Spaziergänger-Kind geht ins Häuschen und wird von den beiden Häuschen-Kindern berührt.

Die übrigen Kinder sprechen:
Ein kalter Wind weht um das Haus,
das macht dir gar nichts aus.
Denn drinnen ist das Feuer an,
da wird auch dir ganz warm.

Und so geht's:
Zwei Kinder stehen nebeneinander in der Kreismitte als Häuschen, ein Kind ist der oder die Spaziergänger:in und die übrigen Kinder sitzen oder stehen im Kreis drumherum.

Der Kreis der Schneeflocken

Material
1 Glöckchen
(für jedes Kind)

Alter: ab 3 Jahren
Dauer: 5 Minuten

1

Schneeflocken fall'n vom Himmel,
sie tanzen mit dem Wind.
Schneeflocken fall'n vom Himmel,
mal langsam, mal geschwind.
Schneeflocken fall'n vom Himmel,
jede sieht anders aus.
Schneeflocken fall'n vom Himmel,
zur Mauer und zum Haus.
Schneeflocken fall'n vom Himmel,
sie decken alles zu.
Schneeflocken fall'n vom Himmel
und alle finden Ruh.

2

Schneeflocken auf der Erde,
sie leuchten weiß und schön.
Schneeflocken auf der Erde,
ein jeder kann sie seh'n.
Da kommen schon die Kinder,
zum Schneemannbau'n bereit.
Sie laufen und sie toben,
sie springen und sie schrei'n.

Und so geht's:
Die Kinder stehen im Kreis, jedes mit einem kleinen Glöckchen in der Hand. Sie alle sind Schneeflocken, die sich während der ersten Strophe des Gedichts um die eigene Achse drehen, in die Knie gehen und sich bei „und alle finden Ruh" in der Hocke auf den Boden setzen. Sind alle Kinder in der Hocke, werden sie ganz leise. Im Flüsterton geht es mit der zweiten Strophe weiter, bei deren Ende die Kinder aufspringen und durcheinander hüpfen, jubeln, laut und wild sein dürfen.

Der Schneemann hat Husten

Alter: ab 4 Jahren
Dauer: 5 Minuten

Material
1 Mütze, 1 Schal,
1 Paar Stiefel

Hust, hust, hust!
Dem Schneemann geht's nicht gut.
Hat Husten und ne Schnupfennase,
das sieht sogar der kleine Hase.
Fragt sich dann,
wie er ihm helfen kann.
Er nimmt (Schal/Mütze/Stiefel) daher,
zieht an den Schneemann, bitte sehr:
„Herr Kugelrund,
werd schnell wieder gesund."

Melodie: Summ, summ, summ

Und so geht's:
Die Kinder stehen im Kreis. Ein Kind befindet sich als Schneemann in der Mitte. Neben ihm liegen die Kleidungsstücke. Ein Kind aus dem Kreis wird im Laufe des Spiels der Hase sein und zieht dem Schneemann an der entsprechenden Textstelle das jeweils genannte Kleidungsstück an. Diese Zeile können Sie so oft mit den übrigen Kleidungsstücken wiederholen, bis der Schneemann komplett angezogen ist.

Eisig, eisig, Winterwind

Alter: ab 3 Jahren
Dauer: 5 Minuten

Eisig, eisig, Winterwind
pustet mich von vorn und hint'.
Pustet mir an meinen Kopf,
pustet an den Blumentopf.
Pustet auch an Arm und Bein,
pustet durch die Tür herein.
Pustet durch die Fensterritze,
pustet dorthin, wo ich sitze.

Eisig, eisig, Winterwind
pustet hin zu jedem Kind.
Pustet mir hinein ins Haar,
pustet durch den Wald sogar.
Pustet rund um unser Haus,
pustet zu der kleinen Maus.
Pustet mich von unten an,
pustet auf meinen Rücken dann.

Eisig, eisig, Winterwind,
frag mich nicht, wie ich das find!
Pustet mir an meinen Po.
Da ruf ich, das geht nicht so!
Kommt zu dir, und du und ich
drücken Po an Popo sich.
Wärmen uns das Hinterteil,
nun friert's uns nicht mehr eine Weil.

Und so geht's:
Alle Kinder stehen im Kreis. Während des Reims werden sie einmal selbst zum Wind und dann wieder zu den Kindern, die vom Wind angepustet werden. Dabei deuten sie auf die jeweiligen Körperteile und zeigen mit entsprechenden Gesten den Blumentopf, die Tür, die Fensterritze, das Haus, die Maus …

Vogeltanz am Futterhaus

Alter: ab 3 Jahren
Dauer: 10 Minuten

Material
1 Futterhaus, ruhige Instrumentalmusik

Ach, ist das heute wieder schön
an unserem Futterhaus.
So viele Vögel fliegen hoch durch
die Luft.
*Auf Zehenspitzen im Kreis gehen
und mit den Armen Flügelschläge nachahmen.*

Sie futtern am Boden
In die Hocke gehen.
Oder sie futtern im Häuschen.
Alle gelben (roten/blauen/grünen) Vögel
fliegen zum Futterplatz.

TIPP
Gibt es viele jüngere Kinder in der Gruppe? Dann benennen Sie ganz einfache Dinge oder unterstützen Sie die Kinder, indem Sie Tücher, Bänder oder Ähnliches in der Farbe verteilen, die für die Kinder relevant sein soll. Nach und nach können Sie dann den Schwierigkeitsgrad erhöhen.

Und so geht's:
Alle Kinder stehen im Kreis um das Vogelhaus herum und sind Vögel. Schalten Sie leise Instrumentalmusik ein. Sprechen Sie laut und deutlich den Text und benennen Sie unterschiedliche Farben oder andere Eigenschaften, die mehrere Kinder mitbringen. Die angesprochenen Vögel dürfen dann zum Futterhaus hinflattern. Durch unterschiedliche Merkmale wird die Gruppe der futternden Vögel immer wieder neu gemischt.

Tanze, kleine Kerzenflamme

Material
verschiedene Instrumente,
1 Flammenhut

Alter: ab 3 Jahren
Dauer: 10 Minuten

Tanze, kleine Kerzenflamme,
tanze lustig hin und her.
Tanze, kleine Kerzenflamme,
das ist schön, du kannst noch mehr.
Bis der Pustewind dich trifft
und das Kerzenlicht erlischt.

Und so geht's:
Die Kinder sitzen im Stuhlkreis. Ein Kind befindet sich in der Kreismitte. Es trägt einen Hut in Flammenform. Einige Kinder im Kreis haben Instrumente in den Händen und beginnen schließlich, in einem bestimmten Rhythmus zu musizieren. Der Rhythmus kann und soll immer wieder anders sein. Die übrigen Kinder im Kreis sprechen den kleinen Vers. Ein Kind aus dem Kreis tritt auf die Kerze zu und nimmt ihr den Flammenhut vom Kopf. Dann stoppen auch die Musikant:innen und alles ist still, bis die nächste Runde beginnt!

Der Adventskranz

Alter: ab 4 Jahren
Dauer: 10 Minuten

Material
4 Flammenhüte

Adventskranz, Adventskranz
mit den schönen Lichtern.
Zünd die Kerze an, zünd die Kerze an,
so sind wir schon näher an Weihnachten dran.

Melodie: Laterne, Laterne

TIPP
Die Flammenhüte können Sie im Voraus mit den Kindern basteln und individuell gestalten: So können sie beispielsweise aus Tonpapier einen breiten Streifen ausschneiden, der an den Enden zusammengeklebt wird, sodass ein geschlossener Kreis im Umfang eines Kinderkopfes entsteht. An der Vorderseite bringen Sie dann, ebenfalls aus Tonkarton ausgeschnitten, eine Flamme an.

Und so geht's:
Die Kinder stehen im Kreis und fassen sich an den Händen. Mit kleinen Schritten bewegen sie sich in eine Richtung, während sie das Lied singen. Bei der zweiten Zeile bekommt ein Kind einen Flammenhut auf und das Lied wird so oft wiederholt, bis alle vier Kerzen des Adventskranzes brennen.

Kochlöffel-Parade

Material
1 Kochlöffel, 1 Kochmütze (oder Schürze), 1 Topf

Alter: ab 3 Jahren
Dauer: 10 Minuten

Rühre, rühre, rühre,
zaubere und verspüre
die Kraft in unser'm Topf,
die Kraft in unser'm Topf.
Ich gebe heute (...) hinein,
der Eintopf wird bald fertig sein.

Und so geht's:
Die Kinder sitzen im Kreis, in der Kreismitte stehen ein Kochtopf, eine Kochmütze und ein Kochlöffel bereit. Ein Kind geht in die Kreismitte, setzt sich die Kochmütze auf und rührt mit dem Kochlöffel im Topf. Dabei wird der Spruch aufgesagt und das Kind darf eine Zutat nennen, die es in den Topf gibt. Danach gibt es die Kochmütze und den Kochlöffel an ein anderes Kind ab.

TIPP
Haben Sie in Ihrer Kinderküche Spielzeuggemüse? Dann können Sie dieses den Kindern zur Visualisierung zur Verfügung stellen. Ansonsten ist dieses Spiel auch eine gute Gelegenheit, mit den Kindern verschiedene Gemüsesorten auf Papier zu malen, auszuschneiden und laminierte Bilder zu nutzen.

Der Nikolaus am Gartenhaus

Alter: ab 4 Jahren
Dauer: 10 Minuten

Der Nikolaus, der Nikolaus,
der wartet hinterm Gartenhaus.
Der Nikolaus legt die Hände vors Gesicht und lugt zwischen den Fingern durch.
**Er will die Kinder wiedersehen,
wie sie lächelnd vor ihm stehen.**
Der Nikolaus deutet eine Umarmung an.
Den großen Sack, den großen Sack,
den trägt er heute huckepack.
Der Nikolaus schultert einen imaginären Sack.
**Er will die Kinder wiedersehen,
wie sie lächelnd vor ihm stehen.**
Der Nikolaus deutet eine Umarmung an.

TIPP
Mit Rhythmusinstrumenten können Sie das Spiel noch abwechslungsreicher gestalten.

Der Nikolaus, der Nikolaus,
kommt endlich jetzt zu uns ins Haus.
Der Nikolaus breitet die Arme aus.
**Er will die Kinder wiedersehen,
wie sie lächelnd vor ihm stehen.**
Der Nikolaus deutet eine Umarmung an.
Klopft an die Tür, klopft an die Tür,
Der Nikolaus klopft an.
und alle rufen: „Hier sind wir!"
Alle Kinder rufen laut.

Der Nikolaus, der Nikolaus,
tanzt heut mit uns durchs ganze Haus.
Alle Kinder tanzen im Kreis.
**Jetzt kann er alle Kinder sehen,
wie sie lächelnd vor ihm stehen.**
Der Nikolaus umarmt die Kinder.
Geht weiter dann der Nikolaus,
schau'n alle aus dem Fenster raus.
Die Kinder legen die Hand an die Stirn.
Wir rufen alle DANKESCHÖN!
Alle Kinder rufen.
Wir freu'n uns auf ein Wiederseh'n."

Und so geht's:
Ein Kind steht im Kreis. Es spielt den Nikolaus und führt seine Bewegungen entsprechend des Textes aus. In der Kreismitte stehen zwei Kinder, die ihre Hände aneinanderlegen und die Arme nach oben strecken, um ein Haus darzustellen.

Leise, leise Winterweise

Alter: ab 5 Jahren
Dauer: 10 Minuten

Hör mir gut zu!

Alle Kinder sitzen auf dem Boden. Ein Kind sitzt in der Kreismitte und alle sagen folgenden Spruch auf:

Leise, leise Winterweise.
Leise Worte gehen auf die Reise.
Von Ohr zu Ohr, von mir zu dir.
Hör mir gut zu, ich sag es dir.

Ein Kind aus der Runde geht zu dem in der Kreismitte sitzenden Kind und flüstert ihm ein Wort ins Ohr. Das Kind in der Kreismitte geht zu einem anderen Kind im Kreis und flüstert diesem das Gehörte zu. Das Kind aus dem Kreis setzt sich nun in die Kreismitte und benennt das Wort, das es gehört hat. Stimmen die Wörter überein?

Der Schnee fällt

Der Schnee fällt vom Himmel und alles wird weiß – ganz weiß.
In die Hände klatschen.
Das Wasser fließt langsam und wird bald zu Eis – zu Eis.
In die Hände klatschen.
Es ist wieder Winter und draußen ist's kalt,
Schnee deckt alles zu und ganz weiß wird der Wald.
Ganz weiß, ganz weiß, ganz weiß.
Hüpfen und klatschen.

Alter: ab 4 Jahren
Dauer: 10 Minuten

Der Wind bläst ums Haus und das Reh bleibt im Wald.
In die Hände klatschen.
Im Laub schläft der Igel, ihm ist sonst zu kalt.
Den Finger auf die Lippen legen.
Es ist wieder Winter und draußen ist's kalt,
Schnee deckt alles zu und ganz weiß wird der Wald.
Ganz weiß, ganz weiß, ganz weiß.
Hüpfen und klatschen.

Die Kinder, die freu'n sich und laufen hinaus.
Auf den Boden trampeln.
Sie bau'n sich nen Schneemann, der sieht lustig aus.
Sich gegenseitig anlächeln.
Es ist wieder Winter und draußen ist's kalt,
Schnee deckt alles zu und ganz weiß wird der Wald.
Ganz weiß, ganz weiß, ganz weiß.
Hüpfen und klatschen.

Melodie: Es klappert die Mühle am rauschenden Bach

Mein Kuscheltier

Alter: ab 3 Jahren
Dauer: 10 Minuten

Material
1 Kuscheltier
(für jedes Kind)

Ich hab dich lieb, mein Kuscheltier,
so gern hab ich dich hier bei mir.

Ich werf dich hoch und fang dich dann,
halte dich so fest ich kann.

Komm, lass uns tanzen rundherum,
Tanzen bringt uns voll in Schwung.

Und sind wir müde von dem Tag,
leg ich mich zu dir und ich sag:

„Ich hab dich lieb, mein Kuscheltier,
so gern hab ich dich hier bei mir."

Und so geht's:
Die Kinder sitzen im Kreis und haben jeweils ihr Kuscheltier auf dem Schoß. Dabei schauen sie ihr Kuscheltier an und führen mit ihm die Bewegungen zum Text aus. Beim Hinlegen können sie sich entweder auf Matten im Kreis oder auf den Boden legen.

TIPP
Nach dem Hinlegen können Sie ruhige Meditationsmusik einschalten und den Kindern dadurch eine Entspannungseinheit ermöglichen. Bestimmen Sie die Dauer individuell nach den Bedürfnissen der Kinder.

Schlittenfahrt

Material
1 Decke

Alter: ab 3 Jahren
Dauer: 10 Minuten

Uns're Pferde sind so weit,
für ne Schlittenfahrt bereit.
Trippeln.
Über'n Schnee zieh'n sie den Schlitten,
Die sitzenden Kinder bewegen die ausgestreckten Arme hin und her,
die beiden Pferde ziehen den Schlitten über den Boden.
brauchst sie gar nicht lange bitten.

Durch den weißen Winterwald
Die Kinder im Kreis stehen auf.
zieh'n sie dich und es ist kalt.
Das Kind auf dem Schlitten reibt sich über die Arme, fröstelt.
Voller Schnee ein jeder Baum,
Die Kinder im Kreis bewegen sich wie Bäume im Wind.
oh, wie schön, man glaubt es kaum.
Alle außer den Pferden klatschen in die Hände.

Dann bleiben die Pferde steh'n,
jetzt kannst du nach Hause geh'n.
Das Kind auf dem Schlitten geht zurück zu seinem Stuhl.

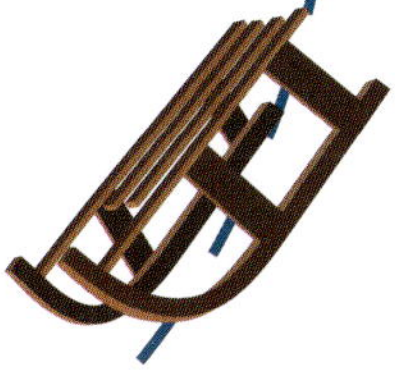

Und so geht's:
Ein Kind ist der oder die Schlittenfahrer:in und sitzt auf der Decke. Zwei Kinder sind die Pferde, die den Schlitten ziehen. Alle anderen Kinder sitzen auf Stühlen im Kreis um den Schlitten herum. Die beiden Pferde halten jeweils eine Ecke der Decke fest. Die Kinder im Kreis trippeln mit den Füßen und ahmen die entsprechenden Bewegungen nach, während sie den Text sprechen. Anschließend werden die Rollen getauscht und die nächste Schlittenfahrt kann beginnen!

In dieser Reihe sind bereits erschienen:

Bewegungsspiele
ISBN: 978-3-96046-083-1

Spiellieder & Klanggeschichten
ISBN: 978-3-96046-085-5

Fingerspiele
ISBN: 978-3-96046-114-2

Morgenkreis
ISBN: 978-3-96046-115-9

Mitmachgeschichten & Mitmachgedichte
ISBN: 978-3-96046-151-7

Traumreisen & Vorlesegeschichten
ISBN: 978-3-96046-168-5

Rezepte zum Mitmachen
ISBN: 978-3-96046-180-7

Massagegeschichten
ISBN: 978-3-96046-205-7

Mitmachlieder
ISBN: 978-3-96046-220-0

Kreativideen
ISBN: 978-3-96046-236-1

Klett Kita